Ludovic Pinton

Laurent Audouin

SIMPLISSIME

7-10 ans

LE LIVRE POUR TOUT SAVOIR SUR LE FOOT LE + FACILE DU MONDE

hachette
ENFANTS

PRÉFACE

Si le football est tant aimé partout dans le monde, c'est parce qu'il nous rassemble tous ! Que l'on soit pauvre ou riche, en France ou au fin fond de l'Afrique, habitant des villes ou des campagnes, homme ou femme, enfant ou adulte... un match de foot est toujours une fête colorée et sans frontières. Il a aussi le don de nous faire partager toutes les sensations qui font la beauté de la vie. En un éclair, on peut passer du rire aux larmes. La joie, le doute, le plaisir, la peur, la fierté, la tristesse, la rage... Tout ça, les passionnés du ballon rond peuvent le ressentir pendant un seul et même match !

Moi qui suis né dans une famille modeste installée en banlieue parisienne, le football m'a permis d'aller au bout de mes rêves. Avec mes clubs, mais aussi avec « mes frères » de l'équipe de France, j'ai eu la chance de connaître les émotions les plus fortes qu'un footballeur puisse rêver de vivre. Des sentiments puissants et partagés autant avec mes camarades de jeu qu'avec tous les supporters.

J'ai retrouvé dans ce livre tout l'esprit du foot que j'aime. Alors, régalez-vous !

Blaise MATUIDI
Champion du monde 2018

Fondateur des *TREMPLINS BLAISE MATUIDI*
(Une association qui redonne le sourire aux enfants démunis)

SOMMAIRE

FOOTBALLEUR D'HIER ET D'AUJOURD'HU

La tenue réglementaire des footballeurs est composée d'un maillot, d'un short, d'une paire de chaussettes, de protège-tibias et de chaussures. Depuis 1909, les gardiens doivent avoir un maillot différent. Voici l'équipement d'un footballeur de 1890 et celui d'un joueur d'aujourd'hui.

JOUEUR DE 1890

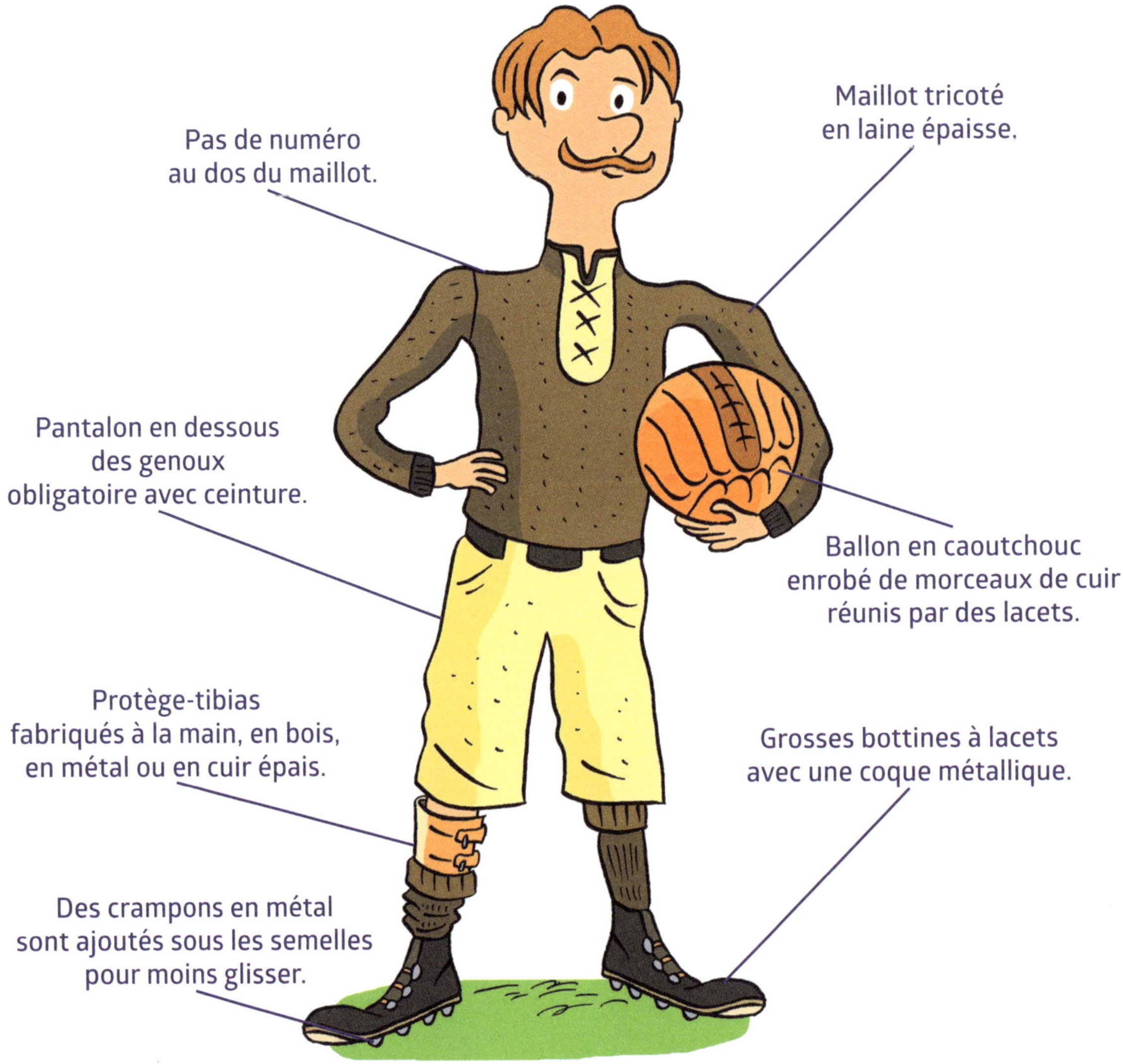

JOUEUR DE 2021

Les maillots sont *slim* et certains pèsent à peine 100 g, les coutures qui grattent ont disparu et la transpiration est évacuée très vite.

Les numéros au dos du maillot ont commencé à être affichés à partir du Mondial 1954.

Les protège-tibias sont obligatoires depuis la Coupe du monde 1990 et peuvent être en plastique, en carbone, en fibre de verre ou en Kevlar, comme les gilets pare-balles !

Courts et moulants dans les années 1970, puis plus longs et larges, les shorts actuels sont avant tout très confortables.

En 1962, le Danois Eigil Nielsen invente le ballon blanc et noir à 32 panneaux en forme d'icosaèdre tronqué (le vrai nom de la figure géométrique !).

Les chaussures de foot connectées « Bluetooth » existent ! On connaît à présent tout sur la vitesse des joueurs, la qualité de leurs appuis, leurs performances...

Depuis 1937, les dimensions du ballon sont définitivement fixées : une circonférence entre 68 et 70 cm et un poids de 410 à 450 g.

LES ORIGINES DU FOOT

Les jeux de balle existent depuis **des milliers d'années**. Certes, on ne trouvera jamais un fossile de ballon datant de la période des dinosaures... mais les Mayas se défiaient déjà autour d'une boule rebondissante il y a plus de 3 500 ans !

Durant **l'Antiquité**, **les Grecs** et **les Romains** possédaient leurs propres jeux de ballon. Les Chinois pratiquaient également ce genre d'activité physique très complète pour entraîner leurs guerriers.

La soule, jouée en France et sur les îles Britanniques au Moyen Âge, serait pour certains le **véritable ancêtre du football**. Les Italiens, eux, estiment qu'il est né à Florence... Alors, pour savoir qui est à l'origine du foot, il y a match !

Plus proche du rugby, **la soule médiévale** se joue dans nos campagnes vers l'an 1000. **Le ballon** utilisé était souvent fabriqué à partir d'une **vessie de cochon** fourrée avec de la paille. Beurk !

Encore pratiqué à Florence en Italie, **le calcio florentin** a la même règle depuis toujours : PAS DE RÈGLE ! Ni de pitié, puisque **tous les coups** (ou presque) **sont permis**, du vrai « foot-contact » !

Les **Aztèques** et **Mayas** s'échangeaient un ballon en caoutchouc (matière sacrée) sur un terrain. Règle originale : interdit d'utiliser les mains et les pieds ! Comment pouvaient-ils donc bien jouer ?

Le pok-ta-pok des Mayas consistait à se renvoyer une lourde balle avec un seul rebond autorisé. Une sorte de basket joué avec toutes les parties du corps sauf les mains. Et surtout un **rituel sacré**, parfois conclu par le sacrifice des perdants...

Le phéninde de la Grèce antique puis l'harpastum de l'Empire romain peuvent aussi être considérés comme **les 1ers jeux de balle**. Le phéninde était un jeu basé sur les feintes tandis qu'à l'harpastum, on devait envoyer la balle dans le camp adverse.

Le cuju chinois est l'ancien jeu de balle qui ressemble le plus au football, avec 2 équipes de 12 à 16 joueurs devant marquer des buts dans le camp adverse. D'abord **réservé aux soldats**, il est devenu ensuite un divertissement apprécié du public.

LA NAISSANCE DU FOOT

Le football moderne comme il est pratiqué aujourd'hui est **né en Angleterre** entre 1848 et 1863. Une période durant laquelle les différents clubs sportifs de l'Université de Cambridge ont longuement débattu pour s'entendre sur les règles.

Comme tout le monde n'arrivait pas à se mettre d'accord sur le niveau de violence acceptable, les joueurs ont fini par se diviser en 2 camps. Ceux qui désiraient pratiquer un sport plus amusant et moins risqué ont créé **la « Football Association » en 1863**.

Réglementé par 11 puis **17 lois élémentaires**, le football n'a quasiment plus changé depuis... à part quelques petites retouches par-ci par-là, comme la récente introduction de l'arbitrage vidéo.

Avant la création officielle du football en 1863, beaucoup souhaitaient que **le « handling »** (attraper le ballon avec les mains) et **le « hacking »** (faucher un adversaire par tous les moyens) soient conservés dans les règles définitives. Déçus, ces joueurs ont créé le rugby.

La cage mesure **7,32 m de large**, car c'était la distance entre les 2 arbres servant de but à Parker's Piece, l'endroit où les élèves de Cambridge ont inventé le football.

Au début, la **pause à la mi-temps** du match a été créée pour changer les règles ! Comme les clubs jouaient de manières différentes, chaque équipe avait le droit à une mi-temps avec ses propres règles.

Le football fait son **apparition en France** à la fin de la construction de la tour Eiffel en **1889**. Les Parisiens découvrent leur tout 1er match de football – aux allures de spectacle – disputé par les ouvriers anglais ayant travaillé sur le chantier du monument.

En plus des gestes interdits, les 1res règles du football concernent **le coup franc** et **la touche**. Il faut attendre pour voir arriver l'arbitre (1890) et le penalty (1891), puis le carton rouge (1966).

L'Angleterre, à la conquête des pays du monde, a **contaminé la planète** avec son nouveau sport. Une occasion pour les peuples du monde de battre les Anglais !

LES BLEUS EN COUPE DU MONDE

Tous les 4 ans, la France espère voir son équipe remporter la Coupe du monde, comme en 2018. Et lorsque **le rêve se réalise**, tous les Français font la fête ensemble, et des millions de **drapeaux bleu, blanc, rouge** s'agitent dans le ciel.

Tenants du titre jusqu'à la prochaine édition en 2022 au Qatar, les Bleus ont dû patienter **68 ans** entre leur 1er match dans un Mondial (4-1 face au Mexique, le 13 juillet 1930) et leur **1re victoire finale** (3-0 contre le Brésil, le 12 juillet 1998). Nous sommes chanceux d'avoir vécu « en direct » l'épopée fantastique de la bande à Didier Deschamps !

Au passage, l'actuel sélectionneur est entré dans le cercle très fermé des entraîneurs qui **ont aussi gagné la coupe du monde** en tant que joueurs. Capitaine des Bleus en 1998, c'était déjà « DD » qui avait soulevé en premier ce trophée désiré par tout un peuple.

Sur le maillot de l'équipe de France, on trouve désormais **2 étoiles** au-dessus du blason. Elles correspondent aux 2 Coupes du monde remportées par les Bleus en **21 éditions** : la 1re à domicile en 1998, puis la 2de en Russie 20 ans après.

Thierry Henry est **le seul joueur** de l'équipe de France à avoir participé à 4 Coupes du monde (1998, 2002, 2006 et 2010). « Titi » est aussi **le 2e meilleur buteur** des Bleus au Mondial (6 buts), derrière Just Fontaine (13 buts), mais devant Michel Platini et Zinédine Zidane (5 buts chacun).

Les plus beaux parcours des Bleus au Mondial ont toujours été dirigés par au moins **un joueur de génie** : Raymond Kopa (1958), Michel Platini (1982, 1986), Zinédine Zidane (1998, 2006), Kylian Mbappé (2018).

Certaines défaites ne s'oublient jamais, comme les demi-finales perdues en 1982 puis en 1986 face à l'Allemagne, ou la finale 2006 gâchée **aux tirs au but** contre l'Italie, suite au coup de tête de notre « Zizou » national...

C'est Benjamin Pavard qui a inscrit **le plus beau but** de la Coupe du monde 2018, face à l'Argentine (4-3, le 30 juin). Une reprise de volée en pleine lucarne, qui lui a valu une chanson spéciale de la part des supporters.

Depuis **la création** de la Coupe du monde en 1930, seuls **3 pays** ont gagné plus souvent le Mondial que la France. Il s'agit du Brésil (5 fois), de l'Allemagne (4 fois) et de l'Italie (4 fois). L'Uruguay et l'Argentine, comme les Bleus, en ont remporté 2.

QUAND LE PETIT DEVIENT GRAND

Le football est le sport collectif qui offre le plus de **chances de victoire** aux équipes les **plus faibles** face aux formations les plus fortes. Cette glorieuse incertitude, à l'origine de certains des plus beaux exploits de l'histoire du sport, explique la passion immense qui unit le football et ses fans.

Que ce soit au basket, au rugby, au volley ou au handball, les toutes petites équipes d'amateurs ne peuvent jamais rivaliser avec celles qui jouent au plus haut niveau. Au foot, même si ça n'arrive pas tous les jours, **c'est possible** !

Voici quelques-unes des plus **belles histoires** du football, lorsque des équipes que personne n'attendait ont réussi à rêver plus grand.

La Coupe de France a toujours été le tournoi préféré des **« Petits Poucets »**, surnom donné aux **clubs amateurs** qui ont fait trembler les ogres du foot national. Depuis l'an 2000, Calais, Carquefou, Quevilly ou Les Herbiers sont entrés dans la légende !

À peine plus grand que la région parisienne et 500 fois plus petit que la Chine, **le Koweït** est un pays du Moyen-Orient. En 1980, son équipe nationale (surnommée « *Al Azraq* » : « Celui qui a les yeux bleus » en arabe) a créé la surprise en étant sacrée **championne d'Asie** !

Le Havre (1959) et Guingamp (2009) en Coupe de France, et Gueugnon (2000) en Coupe de la Ligue, sont les seuls clubs français à avoir gagné une **coupe nationale** en étant en **2e division**.

Préservée tel un parc naturel, **la Zambie et ses « *Chipolopolos* »** (« Les boulets de cuivre ») ont remporté la **Coupe d'Afrique des nations** face aux « Éléphants » de la Côte d'Ivoire en 2012.

L'Uruguay est coincé entre le Brésil et l'Argentine, aussi grands en taille que forts au football. Pourtant, son **palmarès** est **énorme** : 2 Coupes du monde, 2 médailles d'or aux JO et 15 fois champion d'Amérique latine !

En 2016, le modeste club de **Leicester** est couronné **champion d'Angleterre** devant tous les seigneurs du royaume (Arsenal, Liverpool, Chelsea, Manchester City et United). Même dans le championnat le plus riche, les petits ont leur chance !

LA COUPE DU MONDE

Entre la victoire finale de l'Uruguay en 1930 et celle des Bleus en 2018, **la Coupe du monde** de football est devenue **l'un des événements sportifs les plus attendus** de la planète. Et 4 ans à attendre entre chaque tournoi, c'est souvent bien trop long !

La Coupe a été **remportée par seulement 8 pays**, mais elle reste un rêve étoilé pour les 202 autres sélections nationales qui composent la Fédération internationale (FIFA).

En 90 ans d'existence, le Mondial a accumulé des milliers de **moments légendaires**, spectaculaires, insolites ou vraiment délirants.

Ouvrier chez Peugeot, **Lucien Laurent** avait dû prendre des vacances « forcées » pour participer à la 1re Coupe du monde en 1930. Ce fut l'occasion d'entrer dans la légende, puisqu'il restera à tout jamais le 1er buteur de l'histoire du Mondial.

Pendant la Seconde Guerre mondiale, le trophée était en Italie (vainqueur en 1938). Pour protéger le trophée de l'Allemagne nazie, le président de la fédération italienne le retire en secret d'une banque de Rome et **le cache chez lui, sous son lit**.

Avant d'espérer gagner le Mondial, il faut déjà **se qualifier** ! En 1993, les Bleus ont manqué l'édition 94 aux États-Unis en perdant à la dernière seconde contre la Bulgarie (1-2). Auteur d'un but magnifique, l'attaquant Emil Kostadinov a foudroyé la France en un éclair.

En 1986, **la « Main de Dieu »** se pose sur le quart de finale Argentine-Angleterre (2-1) : le génial Maradona se sert exprès de sa main pour ouvrir le score (but validé). Mais il se rattrape 5 minutes plus tard en inscrivant l'un des plus beaux buts de l'histoire !

Qualifiée pour le Mondial 1950, **l'Inde déclare forfait**. Parmi les raisons, on se souvient que la FIFA avait refusé de laisser les Indiens jouer pieds nus !

La Coupe du monde a connu quelques **irruptions d'animaux** sur le terrain. Dernière en date : l'attaque d'une libellule sur Hugo Lloris, qui a failli l'avaler, lors du quart de finale France-Uruguay en 2018 !

LA MAGIE DES STADES

Aucun autre sport ne fait autant **vibrer les stades** ! Qu'ils soient tout petits ou immenses, très vieux ou au contraire ultramodernes, les stades rassemblent chaque semaine, dans le monde entier, des centaines de millions de supporters.

Il suffit de vivre l'expérience au moins une fois, dans une tribune à l'ambiance surchauffée, pour connaître les sensations uniques que cela provoque : séances de **maquillage**, écharpes tendues et **drapeaux** qui virevoltent dans les airs, chants criés haut et fort, chair de poule, joie dans les gradins... Et tant d'autres **émotions partagées** tous ensemble, avec ses copains ou en famille.

Chaque match raconte une **nouvelle histoire** où chaque action peut entrer dans la légende. Alors, bienvenue au stade !

Le Floating Stadium de la baie de Singapour, qui peut accueillir près de 10 000 spectateurs, est unique en son genre : il est **posé sur l'eau** ! Gare au mal de mer !

Le plus immense stade, **le Stade du Premier-Mai** se trouve en **Corée du Nord**. Sa surface au sol (207 000 m²) est 4 fois plus vaste que la plus grande pyramide d'Égypte ! Il accueille 150 000 personnes, soit plus de 2 stades Vélodrome de Marseille pleins !

Istanbul est sans doute la ville la plus bruyante de la planète foot. La capitale turque compte 3 des clubs soutenus par les **supporters** les plus **enflammés** : Galatasaray, Fenerbahçe et Beşiktaş.

S'il ne faut retenir qu'un chant de supporters, ce serait « ***You'll never walk alone*** » (« Tu ne marcheras plus jamais seul »), un hymne partagé par les fans de **Liverpool** et du **Celtic Glasgow**. Frissons garantis !

Les « kops », parties des tribunes où se regroupent les supporters les plus actifs (**« ultras »**), sont dirigés par un **« Capo »**, une sorte de chef d'orchestre avec un mégaphone, chargé de lancer les chants et de chauffer l'ambiance.

Le stade de Tottenham, à Londres, est **le plus cher** de tous les temps (plus d'1 milliard d'euros). Parmi ses innovations, un système de double pelouse rétractable pour avoir, au choix, une pelouse naturelle ou un terrain en herbe synthétique.

L'EURO

Imaginé dès 1927 par le Français Henri Delaunay, l'un des fondateurs de la Coupe du monde et de l'ancienne version de la Ligue des champions, le premier Euro n'est organisé que 33 ans plus tard (1960). **D'abord appelé « Coupe d'Europe des nations »**, il est rebaptisé **« Championnat d'Europe des nations » en 1968** pour mieux le distinguer des coupes européennes entre clubs.

Surnommé « Euro » à partir des années 1980, le tournoi se joue **tous les 4 ans**. Depuis 1984, date de la 1re victoire de l'équipe de France, **les filles** ont également leur Euro !

Pour de nombreux spécialistes, **gagner l'Euro est plus difficile que de remporter le Mondial**, car le niveau des équipes européennes est très élevé.

Lors des quarts de finale de 1960, l'Espagne dirigée par le dictateur Franco refuse d'affronter l'URSS (ex-Russie). Qualifiée par forfait, **l'URSS finira par remporter** le tournoi face à la Yougoslavie.

En 1968, l'Italie gagne sa demi-finale contre l'URSS… **à pile ou face** ! À l'époque, **les tirs au but n'existaient pas** encore en cas d'égalité, et les délais étaient trop courts pour rejouer le match.

La finale 1976 Tchécoslovaquie-Allemagne de l'Ouest est le 1er match de l'Euro conclu par les tirs au but. On découvre **la « panenka »** (une pichenette du coup de pied en plein centre de la cage), réalisée par Antonìn Panenka.

En gagnant son **Euro 1984** face à l'Espagne, l'équipe de France remporte **le 1er trophée majeur** de son histoire. Auteur de son 9e but en finale, Michel Platini est toujours aujourd'hui le recordman du nombre de buts marqués lors d'un Euro.

En 1992, la Yougoslavie en guerre n'est pas retenue pour participer à l'Euro. **Le Danemark**, qui n'était **même pas qualifié**, la remplace et, à la surprise générale, va jusqu'au bout en battant l'Allemagne en finale !

Durant l'incroyable finale 2000, l'Italie tenait sa victoire face à la France… mais Sylvain Wiltord égalise juste avant que l'arbitre ne mette son sifflet à la bouche ! David Trezeguet marque **le but en or** pendant la prolongation… et la France remporte l'Euro !

LE FOOTBALL FÉMININ

Bien que le football soit pratiqué partout et par tout le monde, ses dirigeants n'ont jamais fait de cadeau aux filles ! **Interdites de compétition** dans de nombreux pays (dont la France !) jusqu'au début des années 1970, les footballeuses essaient désormais de rattraper le retard qui les sépare des hommes.

Doucement mais sûrement, elles y arrivent. Le **Mondial féminin 2019** disputé en France en est une belle illustration. Les Bleues dirigées par Corinne Diacre ont été soutenues par tout le pays, avant d'être battues de justesse en quart de finale par les futures championnes du monde américaines (1-2).

Dans le monde, près de **5 millions de joueuses** ont une licence, dont 200 000 en France. Vu la passion grandissante des jeunes filles pour le ballon rond, la Fédération internationale (FIFA) espère en compter 10 fois plus d'ici 2026 !

Lors du match France-Brésil durant le Mondial 2019, **12 millions de Français** étaient devant leur télévision. Un record pour les filles et une pichenette aux garçons, qui avaient fait beaucoup moins bien lors des précédents matchs.

Le 1er match officiel joué par des femmes s'est disputé en 1881 à Édimbourg entre l'Écosse et l'Angleterre. Il faudra attendre **1917** pour assister au **1er match féminin en France**.

Depuis la création de la Coupe du monde féminine en 1991, **les USA** ont remporté la moitié des éditions. Pas étonnant, car **le « soccer » féminin** est pratiqué à haut niveau depuis près de 50 ans aux États-Unis.

En championnat de France, les femmes ont un salaire **40 fois inférieur** à celui des hommes : 2500 € par mois, quand les hommes touchent en moyenne 100 000 €. Injuste !

Fondée en 2004, la section féminine de l'Olympique lyonnais a remporté **14 championnats** de France (dont les 12 derniers !), **9 Coupes** de France et **7 Ligues des championnes** européennes.

Marinette Pichon a été la 1re joueuse-vedette du football français. Entre 1994 et 2007, cette buteuse de caractère a marqué **81 buts en 112 sélections** sous le maillot bleu, et a aussi joué avec succès dans la Ligue américaine (49 buts en 46 matchs !).

LES INCROYABLES RECORDS

L'histoire du football regorge **de performances inimaginables**, d'événements insolites et de records jugés imbattables. C'est aussi pour cela **qu'on aime tant** ce sport ! Si l'on ne parlait que de chiffres et de schémas tactiques, ce serait tout de suite beaucoup moins drôle.

Du gardien du Celtic Football Club (William Foulke) qui pesait plus de 150 kg et **cassait des cages**, en passant par **les 18 cartons rouges** distribués en 1993 lors d'un match au Paraguay, il existe des dizaines de records incroyables.

En voici quelques-uns, parmi les plus fous, qui rappellent à quel point **tout peut arriver** dans le football. Toutes ces petites histoires, à leur manière, construisent aussi la grande légende du ballon rond.

Pour la finale du **Mondial 1950** entre le Brésil et l'Uruguay (1-2), le stade Maracaña de Rio a rassemblé **210 000 supporters** dans ses gradins. C'est presque l'équivalent de 3 fois le Stade de France !

149 à 0 ! C'est **le plus gros score** jamais affiché à la fin d'un match officiel, en 2002. **149 buts** marqués par les joueurs malgaches du SO de l'Emyrne… contre leur camp ! Juste pour protester contre l'arbitrage.

Le Brésilien Rogério Ceni, auteur de **132 buts**, et le Paraguayen José Luis Chilavert, unique gardien ayant inscrit **3 buts dans le même match**, sont les deux meilleurs « gardiens-buteurs » de l'histoire.

L'Anglais Stanley Matthews est **le plus vieux vainqueur** du Ballon d'or. Il avait 41 ans lorsqu'il a été désigné meilleur footballeur de l'année 1956. En avril 2019, Isaak Hayik est devenu **à 73 ans** le footballeur professionnel le plus âgé de tous les temps.

En 1979, de gros orages à répétition obligent les organisateurs **à annuler 29 fois** de suite un match de Coupe d'Écosse entre le Falkirk FC et l'Inverness Caledonian Thistle. Pour jouer, il aurait fallu des hommes-grenouilles !

Voilà un record derrière lequel les attaquants risquent de courir très longtemps.
Le 22 septembre 2015, l'attaquant du Bayern Munich, Robert Lewandowski, marque **5 buts en 9 minutes** contre Wolfsburg.
Et hop, le temps d'une récré !

LES GRANDS CLUBS FRANÇAIS

Depuis 1945, l'histoire du football français est dominée par une dizaine de **grands clubs**. S'ils appartiennent tous aux villes les plus peuplées de l'Hexagone, un seul d'entre eux échappe à la règle : **l'AS Monaco**, qui représente une principauté indépendante de 39 000 habitants (soit moins d'un Parc des Princes !).

Il y a d'abord les exploits du **Stade de Reims** dans les années 1950, suivi de près par les **« Aiglons » niçois** et les **« Dogues » lillois**. Entre 1963 et 1983, **les « Verts » de Saint-Étienne** et **les « Canaris » de Nantes** ont quasiment tout gagné.

Puis, c'est au tour des **Girondins de Bordeaux** et de **l'Olympique de Marseille** de s'imposer (1983-1993). Alors que la 1re décennie du XXIe siècle est dominée par **l'Olympique lyonnais** et la 2e par le **Paris Saint-Germain**, qui prendra la relève ?

En 1996, le modeste club de **l'AJ Auxerre** domine le football français après un incroyable doublé Coupe-championnat. Cette saison-là, grâce à son entraîneur historique **Guy Roux**, l'AJA n'a vraiment rien gâché !

En gagnant le Trophée des champions 2020, le PSG a remporté son 44e trophée en 50 ans. **Le PSG est le club français le plus titré** devant l'OM et ses 27 trophées récoltés en 120 ans d'existence !

Avec 1600 joueurs et joueuses portant son maillot en 2019, le « petit » club du **FC Rueil-Malmaison** (dans les Hauts-de-Seine) est **le plus « grand »** de France ! Le PSG, lui, n'en compte qu'environ 1000 !

Le **plus vieux club** français est **Le Havre Athletic Club** (HAC). Créé par des Anglais vivant en Normandie, il porte les couleurs des Universités de Cambridge (bleu ciel) et d'Oxford (bleu marine).

L'OM et le PSG sont les 2 seuls clubs français à avoir remporté une **Coupe d'Europe** : la Ligue des champions en 1993 pour l'OM, et la Coupe d'Europe des vainqueurs de Coupe en 1996 pour le PSG (Coupe arrêtée en 1999).

En 1976, l'AS Saint-Étienne est l'une des meilleures équipes du continent. Les Verts perdent d'un rien la finale européenne contre le Bayern Munich. Les joueurs de l'ASSE touchent 2 fois **les poteaux carrés**. Ah ! Si, à l'époque, les poteaux avaient été ronds comme aujourd'hui...

LA LIGUE DES CHAMPIONS

C'est la reine des compétitions continentales entre clubs ! Elle s'appelait au départ **« Coupe des clubs champions européens »**, appellation française qui figure toujours aujourd'hui sur le trophée remis au gagnant. Puis, elle a pris le nom de **« Ligue des champions »** à partir de 1993.

Premier capitaine français à soulever la coupe du monde en 1998 et **sélectionneur** en 2018, **Didier Deschamps** est le 1er (et le seul) capitaine d'un club français (l'OM) à avoir brandi le trophée de la Ligue des champions.

1993 est une année particulière pour le football français, puisque c'est toujours la seule édition remportée par un club de l'Hexagone : l'Olympique de Marseille, face au Milan AC (1-0, le 26 mai 1993) grâce à la tête solide de Basile Boli.

Premier vainqueur de la compétition au Parc des Princes en 1956, **le Real Madrid** demeure le club le **plus sacré** de l'histoire avec 13 victoires finales (avant l'édition 2020-2021), devant le Milan AC (7), le Bayern Munich (6), Liverpool (6) et le FC Barcelone (5).

Redessiné en 1967, le trophée est depuis surnommé la **« coupe aux grandes oreilles »**, car il est habillé de 2 grandes anses pour pouvoir mieux le saisir. Pratique quand on sait que la coupe pèse plus de 7 kg !

En 2005, les fans du **Milan AC crient victoire** dès la mi-temps de la finale face à Liverpool. Leurs joueurs mènent 3-0 ! Pourtant, les Italiens sont rejoints au score (3-3) et finissent par **perdre aux tirs au but**.

Outre l'OM, finaliste en 1991 puis vainqueur en 1993, **seuls 4 clubs français ont atteint la finale, sans jamais la remporter** : Reims (1956 et 1959), Saint-Étienne (1976), Monaco (2004) et le PSG (2020).

En 1984, lors des tirs au but entre Liverpool et l'AS Rome, **le gardien** des « Reds » **de Liverpool**, Bruce Grobbelaar, parvient à déstabiliser les tireurs adverses **en faisant le foufou**. Résultat : 4-2 pour Liverpool.

L'hymne de la Ligue des champions est **l'adaptation d'un chant religieux** du XVIIIe siècle (*Zadok the Priest*). Ses paroles contiennent les 3 langues officielles de la fédération européenne de football (UEFA) : français, anglais et allemand.

L'ÉQUIPE DE FRANCE

Quand l'équipe de France joue au football, fini la bagarre entre les clubs ! Que l'on supporte Paris, Marseille, Lille, Lyon, Rennes ou Bordeaux, en métropole ou la Guadeloupe, la Guyane, La Réunion ou la Polynésie française, **tout le monde** enfile le même maillot et **soutient les Bleus** !

Vainqueur de 2 Coupes du monde, 2 Euros, 2 Coupes des confédérations, et d'1 médaille d'or aux JO, l'équipe de France figure aujourd'hui parmi les **plus grandes sélections mondiales**.

La France a disputé son tout **1er match officiel**, le 1er mai 1904 en Belgique (3-3) devant 1 500 spectateurs. Depuis, elle a défié plus de **80 adversaires** différents pour atteindre plus de **850 rencontres**.

Pendant 80 ans, entre leur création et leur victoire finale à l'Euro 1984, **les Bleus ont gagné... 0 trophée**. Heureusement, ils se sont bien rattrapés depuis !

Les Bleus doivent le **coq brodé** sur leur maillot à leurs ancêtres, les Gaulois ! Durant l'Antiquité, les Romains se moquaient d'eux car, en latin, leur nom (*Gallus*) signifie à la fois « Gaulois » et « coq ».

Entre 1996 et 2001, façonnée par le sélectionneur Aimé Jacquet, et guidée par **le génie** Zinédine Zidane, la France a tout gagné jusqu'au **sommet du classement mondial FIFA**.

Le Parc des Princes est le stade dans lequel la France a le plus souvent joué (129 fois), devant le Stade de France (107 matchs fin 2020). La 1re « maison » des Bleus était le stade Yves-du-Manoir de Colombes (en banlieue parisienne).

Fondée en 1920, **l'équipe de France féminine** a dû attendre 2003 pour jouer sa 1re Coupe du monde (éliminée au 1er tour). Malgré un palmarès toujours vierge, les Bleues étaient 3es au classement mondial en 2020.

Surnommé **la « Perle Noire »**, le Franco-Marocain Larbi Ben Barek a été le 1er joueur de couleur à briller en équipe de France, entre 1938 et 1954. Auteur de son dernier match en Bleu à 37 ans et 4 mois, il reste le doyen de la sélection nationale.

LES GRANDES RIVALITÉS

On parle de « **derby** » lors d'un match entre 2 équipes d'une même ville, ou entre 2 villes proches géographiquement. D'origine anglaise, le terme définissait d'abord les grandes courses de chevaux au XIXe siècle.

En 1914, le journal anglais *Daily Express* évoque pour la 1re fois un derby du football au moment d'annoncer une **rencontre entre les 2 clubs de Liverpool** : les Rouges du Liverpool FC et les Bleus d'Everton. L'expression fera ensuite son apparition en France à partir de 1927.

Depuis, en plus des nombreux derbys légendaires du football, certaines grandes rivalités ont pris le nom de « **Classique** ». **PSG-OM**, **Real-Barça**, **Liverpool-Manchester**, **Bayern-Dortmund ou encore Benfica-Porto** sont les plus connus en Europe.

Londres est la championne des derbys avec **11 clubs pros** de 1re et de 2e division anglaise : Chelsea, Arsenal, Tottenham, Crystal Palace, West Ham, Watford, Queens Park Rangers, Fulham, Charlton, Millwall et Brentford. Qui dit mieux ?

Buenos Aires est le théâtre du derby le plus électrique : **le « Superclásico »** entre Boca Juniors et River Plate. Rien que le nom de leurs stades séparés de quelques kilomètres fait déjà trembler : **la « Bombonera »** et **le « Monumental »** !

En France, 2 villes voisines se chamaillent depuis toujours : **Saint-Étienne** et **Lyon**. En 1967, les Verts accusent l'OL de « jouer la carotte » (jouer sans prendre de risques) pour gagner. Coquins, les supporters lyonnais jettent de vraies carottes sur la pelouse stéphanoise au match retour...

L'un des derbys d'Italie oppose **l'Inter de Milan** au **Milan AC**. La particularité de ces 2 équipes ? Elles partagent le **même stade**. Quand c'est l'Inter qui joue, on appelle le stade « Giuseppe-Meazza » et quand c'est l'AC Milan, « San Siro ». Pourtant, c'est le même lieu !

Depuis plus d'un siècle, les oppositions entre **Flamengo** et **Fluminense** enflamment Rio de Janeiro et tout le Brésil. Surnommé **le « Fla-Flu »**, ce derby rythmé et coloré est devenu au fil du temps une sorte de carnaval bis. C'est aussi ça, le foot samba !

Le duo Paris-Marseille fourmille de petites histoires. En 2005, les Parisiens ont fui leur vestiaire du Vélodrome à l'odeur insoutenable. « *Désinfection suite à une remontée d'égout* », d'après la direction marseillaise... Vrai ou faux ?

LE CHAMPIONNAT DE FRANCE

En France, **le métier de footballeur** existe réellement depuis le début des années 1930. Le championnat professionnel né en 1932 sous le nom de « Division nationale » est rebaptisé « Division 1 » (D1) en 1972, avant de devenir l'actuelle **Ligue 1** (L1) **depuis 2002**.

Contrairement à la Coupe de France, disputée entre tous les clubs pros et amateurs, la L1 se joue entre **les 20 meilleures équipes du pays**. On compte 38 journées dans une saison, car chaque club rencontre ses 19 adversaires deux fois : une fois à domicile et une fois à l'extérieur.

Malgré la domination de Marseille, de Lyon puis de Paris depuis les années 1990, ce sont toujours **les Verts de Saint-Étienne** qui trônent au **sommet** de la hiérarchie avec 10 sacres nationaux !

En 1934, les joueurs du FC Sète apprennent qu'ils sont champions de France. Sûrs d'être dépassés au final par Marseille qui ne comptait qu'1 point de moins et 3 matchs en retard, **ils avaient filé au soleil**... Sauf que l'OM a tout perdu !

Sur 87 championnats disputés entre 1932 et 2020, seuls **10 clubs** regroupent plus de **80 % des vainqueurs** : Saint-Étienne (10), Marseille et Paris-SG (9), Monaco et Nantes (8), Lyon (7 de suite !), Bordeaux et Reims (6), Nice (4) et Lille-OSC (3).

Au terme de chaque saison, les derniers clubs de Ligue 1 sont remplacés par les meilleurs de Ligue 2. Installé en L1 à partir de 1974, **le PSG** est le seul à ne **jamais être redescendu en L2** depuis cette date.

Gare aux gardiens de la galaxie ! Parmi les footballeurs qui ont disputé **le plus de matchs** dans le championnat de France, les 4 premiers sont des **gardiens de but**, Mickaël Landreau en tête avec 618 matchs.

En 1951, la compétition est serrée : Nice l'emporte d'un crampon devant Lille. Ces 2 clubs étant à égalité, c'est la moyenne de buts marqués et encaissés qui désigne le vainqueur : **le « goal average »**.

Durant l'édition 1970-71, le Marseillais Josip Skoblar (44 buts) et le Stéphanois Salif Keïta (42) se sont livré le plus beau duel d'attaquants. Dans toute l'histoire du championnat, jamais aucun autre buteur n'a atteint le total de **40 buts en une saison** !

LA COUPE DE FRANCE

La Coupe de France est **la plus ancienne compétition française** de football. Elle fête ses 104 ans en 2021. Elle a d'abord été appelée la « Coupe Charles-Simon », du nom du président du Comité français interfédéral (ancienne FFF, Fédération française de football) mort pour la France lors de la Première Guerre mondiale, en 1915.

La coupe est très populaire car elle est **l'unique trophée** qui se dispute **entre footballeurs professionnels et amateurs**. Aujourd'hui, plus de 7000 clubs français y participent !

Ainsi, les « Petits Poucets » peuvent rivaliser avec les ogres. À l'image du modeste club vendéen des **Herbiers** qui, en 2018, a réussi l'exploit de **se hisser jusqu'en finale** pour y défier les stars du PSG. C'est exactement ça, l'esprit de la Coupe !

Inventer **une compétition de foot en pleine guerre** ? C'est possible ! La 1re finale de la Coupe est remportée le 5 mai 1918 par l'Olympique de Pantin face au FC Lyon (3-0). Il y avait seulement **2000 spectateurs** ce jour-là.

La coupe de France pèse **3,2 kg d'argent** massif et mesure **48 cm** de haut. Elle n'existe qu'en 3 exemplaires : l'original (créé en 1915), une copie (de 1967) confiée à l'équipe qui remporte la compétition, et une dernière fabriquée récemment pour la publicité.

Très convoitée, la coupe n'a été **volée pourtant qu'une seule fois** en plus de 100 ans ! C'était le 9 août 1979, dans l'une des vitrines du centre d'entraînement du FC Nantes. Elle sera restituée en bon état moins de 48 heures après. Ouf !

Vainqueur en 2000 de la finale la plus déséquilibrée de l'histoire (4 divisions d'écart entre Nantes et Calais), le capitaine nantais **Mickaël Landreau** invite son homologue calaisien **Réginald Becque** à **soulever la coupe** avec lui. Du jamais vu !

Une seule finale de Coupe a opposé **2 clubs d'une même ville** : le 7 mai 1933, **l'Excelsior de Roubaix** (Division 1) l'emporte 3-1 face à ses petits frères du **RC Roubaix** (Division d'Honneur).

Né plus de 50 ans après la création du tournoi, **le Paris Saint-Germain** (PSG) est tout de même le club qui l'a **emporté le plus souvent** (13 fois avant la finale 2021), dont 4 fois de suite entre 2015 et 2018.

L'HOMME AU SIFFLET

Sans les arbitres, il n'y aurait pas de match possible. Pourtant, lorsque les 1res rencontres de football se sont disputées en Angleterre dans les années 1840-1850, il n'y avait que les joueurs sur le terrain et seuls les capitaines des 2 équipes faisaient appliquer les règles.

Ce n'est qu'au début des années **1890**, soit près de 50 ans plus tard, qu'un **arbitre officiel** est passé des tribunes au centre du terrain, avec 2 adjoints équipés d'un drapeau sur les lignes de touche. Depuis, le rôle de l'arbitrage prend toujours plus d'importance au fil du temps.

Grâce aux progrès de la technologie, les arbitres peuvent aujourd'hui être aidés par **l'assistance vidéo**. Une très bonne chose, car leur métier n'est vraiment pas facile !

Le sifflet de l'arbitre n'est apparu dans les règles officielles qu'en 1936. Celui-ci sert à indiquer le début ou la reprise du jeu, mais aussi à l'arrêter en cas d'infraction, de blessure ou lorsque le temps est écoulé.

Depuis 2014, les arbitres sont équipés d'une sorte de **bombe de peinture** ! Pas pour faire des graffitis sur la pelouse... mais pour marquer la distance entre le tireur et le mur adverse sur les **coups francs** : 9,15 m.

Les arbitres ont été surnommés les « **hommes en noir** » par les journalistes et les commentateurs sportifs, parce qu'autrefois, ils étaient toujours habillés de noir. De nos jours, ils portent des tenues de toutes les couleurs, même fluo !

L'inimitable **Robert Wurtz** restera sans conteste le plus grand « **clown** » de l'arbitrage. Arbitre français et international entre 1962 et 1990, il avait le don d'apaiser les esprits avec sa bonne humeur et son humour. Merci l'artiste !

Première femme à arbitrer un match en Ligue 1 masculine en 2019, **Stéphanie Frappart** a ensuite dirigé la finale du Mondial féminin puis la Supercoupe d'Europe entre Liverpool et Chelsea. Chapeau bas, elle qui en rêvait depuis ses 13 ans.

L'Italien Pierluigi Collina (retraité depuis 2005) est souvent considéré comme le **meilleur de tous les arbitres**. En plus de son efficacité et de son autorité naturelle, on se souviendra longtemps de son **crâne chauve** et de son **regard bleu azur**.

BRÉSIL + BALLON = AMOUR FOOT

La célèbre formule « **Joga bonito** » (beau jeu) est l'une des grandes devises du football brésilien. Elle est née durant le Mondial 1958 pour définir **l'incroyable spectacle** offert par les footballeurs de légende que sont devenus **Pelé**, **Garrincha**, **Didi**, **Vavá** et les autres.

Cette année-là, le Brésil et le monde entier se sont régalés devant le jeu magnifique proposé par **la plus belle *Seleção*** (« sélection ») de tous les temps. Vainqueur de sa 1re Coupe du monde (+ 4 depuis), le plus grand pays d'Amérique du Sud devient aussi **le paradis du football**.

Depuis, **les joueurs *auriverde* (« or et vert »)** ne cessent d'enchanter les amoureux du ballon rond, de Zico à Neymar en passant par Sócrates, Romário, Ronaldo ou encore le magicien Ronaldinho.

En 1938, le Brésil joue sa **1re Coupe du monde en France**. Alors que l'équipe d'Allemagne affiche son racisme (salut nazi), la *Seleção* brésilienne réconforte avec une formation multiethnique, composée de **joueurs noirs, métis et blancs**.

Le **style brésilien** séduit par sa créativité, sa rapidité, son côté spectaculaire et imprévisible. Avec comme inspiration **la capoeira** et **la samba**, le dribble brésilien est comme une danse.

Leônidas, surnommé **le « Diamant noir »** est l'inventeur de **la bicyclette** (retourné acrobatique). Il a aussi réussi à marquer pied nu face à la Pologne lors du Mondial 1938 après avoir perdu sa chaussure dans la boue.

Considéré comme **le « roi »** du football, **Pelé** est le seul joueur triple champion du monde avec une 1re étoile à 17 ans. Il est aussi l'unique attaquant à avoir marqué plus de 1 000 buts dans sa carrière !

Le « coup du foulard », qui consiste à faire une passe en enroulant une jambe derrière l'autre, a été introduit en France par l'élégant **Raí** (petit frère de Sócrates) lors de son 1er match avec Paris.

À l'origine, **les maillots brésiliens** étaient **blancs**. Mais en 1950, le Brésil perd sa finale de Coupe du monde. Le blanc devient **symbole de malheur**, et les maillots changent de couleur en 1954 !

LE BALLON D'OR

Le Ballon d'or est la récompense individuelle la plus enviée de toutes. Ce trophée est décerné en décembre au meilleur joueur de football de l'année. **Créé en 1956** par le magazine *France Football*, il a longtemps uniquement récompensé les joueurs européens évoluant en Europe.

À partir de 1995, l'élection du Ballon d'or s'est ouverte aux footballeurs de toutes les nationalités jouant en Europe. Depuis 2007, il distingue **le meilleur joueur du monde entier**.

Les 12 trophées entre 2008 et 2019 ont été partagés entre **les 2 « super-héros »** que sont Lionel Messi avec 6 Ballons d'or – un record –, et Cristiano Ronaldo avec 5 récompenses. Seule exception : le Croate Luka Modrić en 2018.

Attaquant du PSG puis du Milan AC, **George Weah** est en 1995 le 1er non-européen à recevoir **le Ballon d'or**. En 2018, « Mister George » devient même **président** de la République (du Liberia) !

La bijouterie parisienne Mellerio qui a conçu le trophée d'une valeur de 13 000 € fournissait déjà **les reines de France** il y a plus de 300 ans !

Quatre Français seulement ont remporté le Ballon d'or : Raymond **Kopa** (1958), Michel **Platini** (1983, 1984, 1985), Jean-Pierre **Papin** (1991) et Zinédine **Zidane** (1998).

Et les filles, alors ? Le Ballon d'or féminin existe depuis **2018**. Après l'attaquante norvégienne **Ada Hegerberg** en 2018, le trophée a été décerné à la championne du monde américaine **Megan Rapinoe** en 2019.

Alors que la moyenne d'âge des gagnants du Ballon d'or se situe plutôt aux alentours de 27 ans, **Michael Owen**, l'ex-buteur anglais et **Ronaldo**, le phénomène brésilien, l'ont emporté à **21 ans**.

Depuis 2018, **le trophée Kopa** est remis lors de la même cérémonie : il désigne le meilleur espoir mondial de **moins de 21 ans**. Après Kylian Mbappé, le Hollandais Matthijs de Ligt a été distingué en 2019.

L'ENTRAÎNEUR

La mission première d'un entraîneur de football est de **préparer au mieux son équipe** au niveau physique, technique, tactique, mais aussi mental. Pour relever ce défi, il est aidé d'**adjoints** et de nombreux **préparateurs**, tous très spécialisés.

Longtemps, **les « coachs » anglais, italiens ou allemands** ont eu une meilleure réputation que les entraîneurs français. La raison est simple : le football français s'est professionnalisé plus tard (1932), tandis que le métier d'entraîneur n'est devenu une vraie profession qu'à partir des années 1950.

Aujourd'hui, l'entraîneur d'un club (ou le sélectionneur quand il s'agit d'une sélection nationale) joue plus que jamais un **rôle central** dans la réussite d'une équipe. Il est aussi le 1er responsable en cas d'échec...

À la tête de Manchester United durant 27 ans, l'Écossais **Alex Ferguson** s'est bâti le plus beau palmarès pour un entraîneur de club : 38 trophées ! Un parcours si remarquable que **la reine d'Angleterre** l'a anobli. Chapeau, « Sir Alex » !

Rinus Michels, maître tacticien du grand Ajax d'Amsterdam puis des Pays-Bas de 1960 à 1990, est l'inventeur du « **football total** » (tout le monde attaque et tout le monde défend). Il a été désigné « entraîneur du XXe siècle » par la FIFA. À l'attaaaaque !

Avec son franc-parler et son caractère volcanique, l'entraîneur argentin **Marcelo Bielsa** est surnommé « ***El Loco*** » (« le fou »)! En 2002, après avoir été éliminé au 1er tour du Mondial, il s'isole pendant 3 mois… dans un couvent!

En 2014, à 40 ans, Corinne Diacre est **la 1re entraîneuse** à diriger une équipe professionnelle de football masculin (Clermont Foot, jusqu'en 2017). Une révolution pour celle qui deviendra **sélectionneuse des Bleues**!

Arsène Wenger est le 1er entraîneur français à avoir réussi à l'étranger. Grand patron d'**Arsenal** entre 1996 et 2018, il a réinstallé les « Gunners » au sommet du football anglais. Grâce, entre autres, à des joueurs français!

Passer de joueur à entraîneur, pas si simple! Si « Zizou » s'en sort très bien avec le Real Madrid, Johan Cruyff, à l'origine du jeu offensif toujours pratiqué par Barcelone, reste un entraîneur de légende. Sa technique? « **Il faut marquer un but de plus que l'adversaire**! »

LES 1001 VARIANTES DU FOOTBALL

Il y a évidemment **le football américain**, même si celui-ci est plus proche du rugby que du football. Les Australiens ont aussi leur football, avec des chocs assez violents, différents poteaux pour marquer, et un ballon qui se joue à la fois à la main et au pied.

Depuis quelque temps, le nombre de variantes du « vrai » football ne cesse d'augmenter. Après **le beach soccer** (sur le sable), **le futsal** (ou foot en salle) et **l'urban foot**, ou encore les différentes pratiques handisports (cécifoot pour les aveugles, en fauteuil roulant...), de nouvelles versions sont récemment apparues.

Étranges, surprenantes, originales, ou vraiment drôles, voici les principales **nouveautés** du moment.

Le cycle-ball se pratique à 2 contre 2, debout **sur un vélo** ! On ne se sert que de ses roues et de sa tête. Les meilleurs joueurs, d'Allemagne, d'Autriche et de République tchèque, sont d'une agilité impressionnante !

Mélange de foot et de squash, **le jorkyball** se joue à 2 contre 2 dans une pièce fermée. **Tous les murs peuvent être utilisés** pour viser une toute petite cage.

Le bubble-foot se joue avec les jambes, le corps enfermé dans une **grosse bulle** en plastique. Plus que de marquer, le vrai but est de foncer sur ses adversaires pour qu'ils fassent des roulés-boulés !

Le walking-foot connaît un succès grandissant chez les personnes de **plus de 50 ans**. Il se pratique en marchant, avec l'interdiction de courir, de tacler ou de jouer un ballon au-dessus de la tête !

Le ping-foot, appelé **« teqball »**, se joue sur une sorte de **table de ping-pong** légèrement inclinée à ses extrémités. Le but est de faire le maximum d'échanges sans faire tomber le ballon de la table.

Le foot joué **dans les marais boueux** ou **dans la neige poudreuse** est idéal pour s'amuser. Le plus drôle, c'est que les joueurs ne connaissent pas la profondeur du terrain avant de se jeter dedans !

SIMPLISSIME

LES LIVRES LES PLUS FACILES DU MONDE POUR PRATIQUER TOUTES LES ACTIVITÉS

SIMPLISSIME
5-10 ans
LE LIVRE
DE YOGA
LE + FACILE
DU MONDE
hachette

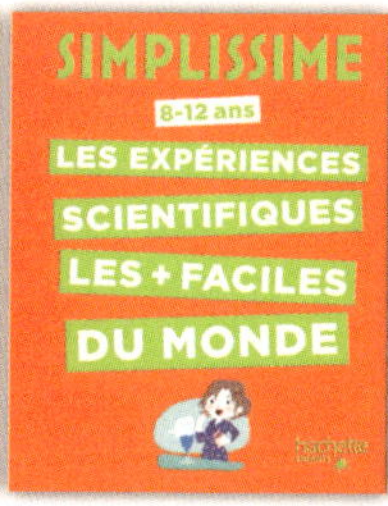
SIMPLISSIME
8-12 ans
LES EXPÉRIENCES
SCIENTIFIQUES
LES + FACILES
DU MONDE
hachette

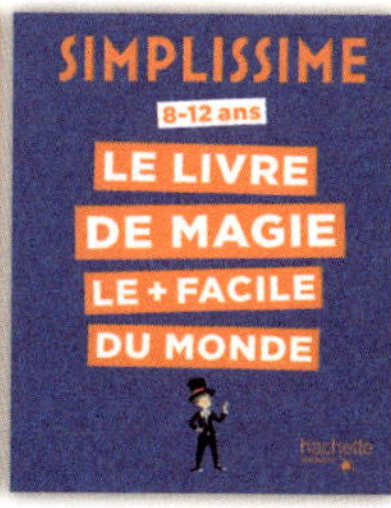
SIMPLISSIME
8-12 ans
LE LIVRE
DE MAGIE
LE + FACILE
DU MONDE
hachette

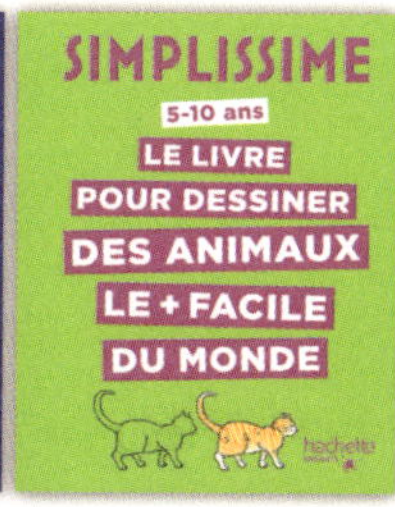
SIMPLISSIME
5-10 ans
LE LIVRE
POUR DESSINER
DES ANIMAUX
LE + FACILE
DU MONDE
hachette

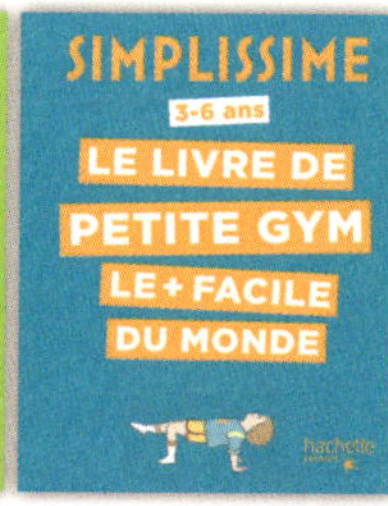
SIMPLISSIME
3-6 ans
LE LIVRE DE
PETITE GYM
LE + FACILE
DU MONDE
hachette

SIMPLISSIME
LES MAQUILLAGES
POUR ENFANTS
LES + FACILES
DU MONDE
hachette

SIMPLISSIME
8-12 ans
LES BRACELETS
LES + FACILES
DU MONDE
hachette

SIMPLISSIME
4-8 ans
LE LIVRE
DE RELAXATION
LE + FACILE
DU MONDE
hachette

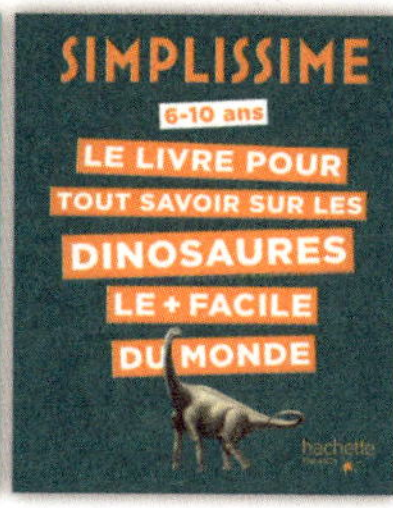
SIMPLISSIME
6-10 ans
LE LIVRE POUR
TOUT SAVOIR SUR LES
DINOSAURES
LE + FACILE
DU MONDE
hachette

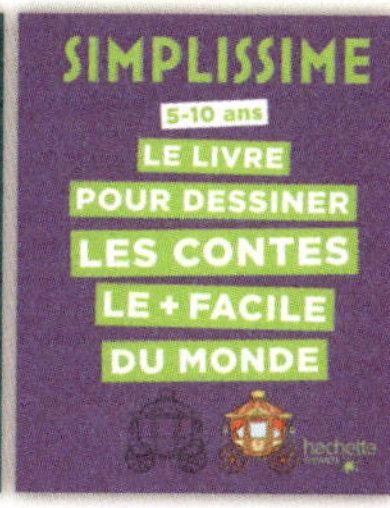
SIMPLISSIME
5-10 ans
LE LIVRE
POUR DESSINER
LES CONTES
LE + FACILE
DU MONDE
hachette

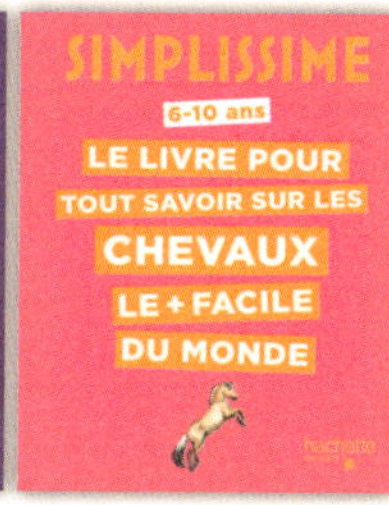
SIMPLISSIME
6-10 ans
LE LIVRE POUR
TOUT SAVOIR SUR LES
CHEVAUX
LE + FACILE
DU MONDE
hachette

SIMPLISSIME
5-10 ans
LES PLIAGES
EN PAPIER
LES + FACILES
DU MONDE
hachette

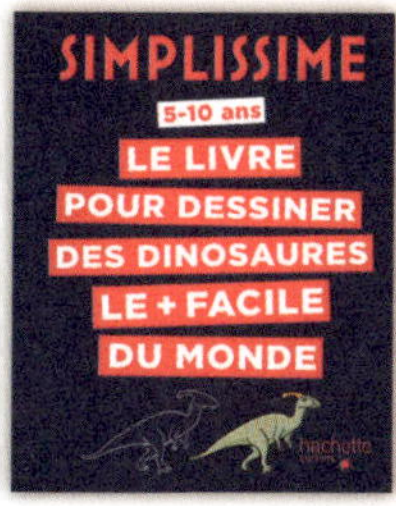
SIMPLISSIME
5-10 ans
LE LIVRE
POUR DESSINER
DES DINOSAURES
LE + FACILE
DU MONDE
hachette

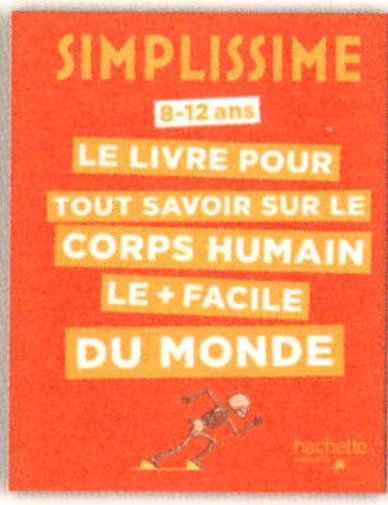
SIMPLISSIME
8-12 ans
LE LIVRE POUR
TOUT SAVOIR SUR LE
CORPS HUMAIN
LE + FACILE
DU MONDE
hachette

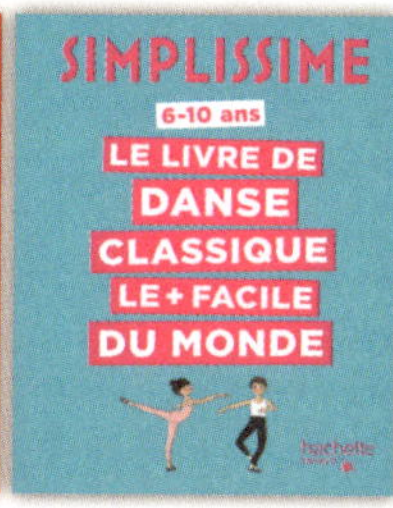
SIMPLISSIME
6-10 ans
LE LIVRE DE
DANSE
CLASSIQUE
LE + FACILE
DU MONDE
hachette

SIMPLISSIME
7-10 ans
LE LIVRE POUR
TOUT SAVOIR SUR
L'ESPACE
LE + FACILE
DU MONDE
hachette

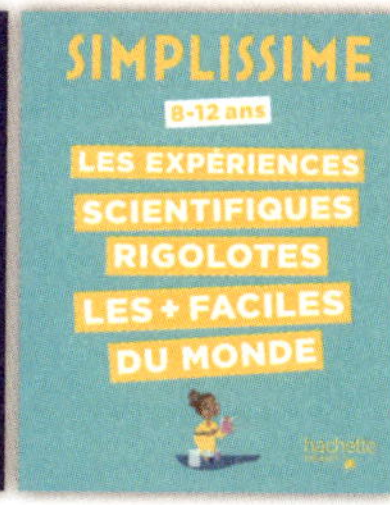
SIMPLISSIME
8-12 ans
LES EXPÉRIENCES
SCIENTIFIQUES
RIGOLOTES
LES + FACILES
DU MONDE
hachette

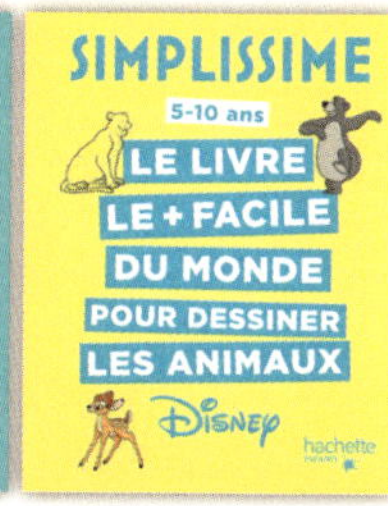
SIMPLISSIME
5-10 ans
LE LIVRE
LE + FACILE
DU MONDE
POUR DESSINER
LES ANIMAUX
Disney
hachette

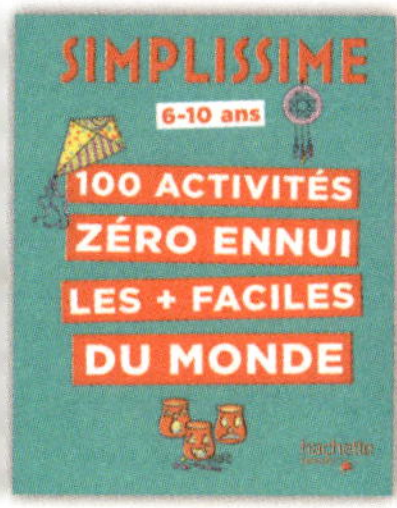
SIMPLISSIME
6-10 ans
100 ACTIVITÉS
ZÉRO ENNUI
LES + FACILES
DU MONDE
hachette

SIMPLISSIME
8-12 ans
LE LIVRE
POUR DESSINER
DES MANGAS
LE + FACILE
DU MONDE
hachette

SIMPLISSIME
4-8 ans
LE LIVRE
DE SOPHROLOGIE
LE + FACILE
DU MONDE
hachette

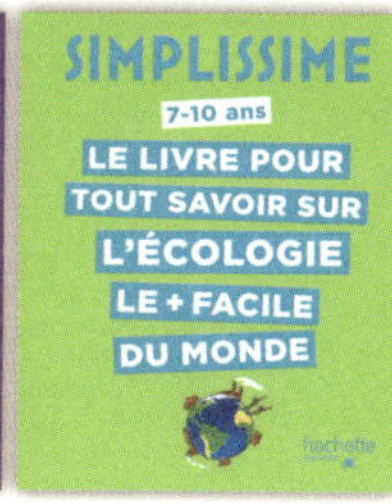
SIMPLISSIME
7-10 ans
LE LIVRE POUR
TOUT SAVOIR SUR
L'ÉCOLOGIE
LE + FACILE
DU MONDE
hachette

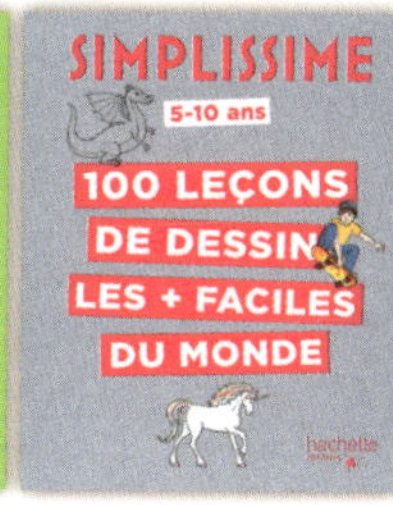
SIMPLISSIME
5-10 ans
100 LEÇONS
DE DESSIN
LES + FACILES
DU MONDE
hachette

SIMPLISSIME
8-12 ans
LES TOURS
DE MAGIE
LES + FACILES
DU MONDE
hachette

SIMPLISSIME
6-10 ans
LE LIVRE DE
PLANTATIONS
LE + FACILE
DU MONDE
hachette

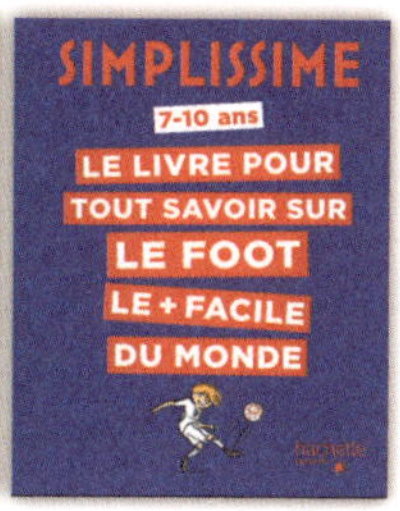
SIMPLISSIME
7-10 ans
LE LIVRE POUR
TOUT SAVOIR SUR
LE FOOT
LE + FACILE
DU MONDE
hachette

Remerciements de l'auteur :
Un grand MERCI à Laurent Audouin d'avoir si joliment su donner vie à mes textes avec ses crayons magiques !
Coup de chapeau à notre « Blaisou » national qui n'a pas hésité une seconde avant de s'associer
à un projet destiné aussi à sensibiliser les enfants autour des nombreuses valeurs essentielles du football.
Sans oublier Sylvie (Michel) et Aurore (Meyer), dont l'expertise et la bienveillance m'ont guidé jusqu'au point final
d'un livre qui fait d'ores et déjà ma fierté.

58, rue Jean Bleuzen – 92178 Vanves CEDEX

Directeur de collection : Jean-François Mallet

Direction : Sarah Kœgler-Jacquet
Directrice éditoriale : Brigitte Leblanc
Responsable éditoriale : Sylvie Michel
Assistante éditoriale : Inès Lassale
Suivi artistique : Solène Lavand
Conception graphique : Marie-Paule Jaulme
Suivi éditorial : Aurore Meyer
Mise en pages : Eddy Pierrel
Correction : Agnès Scicluna
Fabrication : Anna Polonia

Dépôt légal : mai 2021. Édition 01.
ISBN : 978-2-01-627922-9
Imprimé en Espagne par Estella Graficas.
Achevé d'imprimer en avril 2021.
Loi n° 49-956 du 16 juillet 1949 sur les publications destinées à la jeunesse.